CIRCLES

Ganzheitliche Berufsorientierung für die Sekundarstufe II

Arbeitsheft

Autorin:
Sandra Thomalla

Ernst Klett Verlag
Stuttgart · Leipzig

Hinführung: Wofür steht CIRCLES?

Liebe Schülerinnen und Schüler,

im Dschungel der vielen Angebote von Ausbildungen, Studiengängen und Berufsfeldern ist es eine echte Herausforderung geworden, eine Entscheidung für den eigenen beruflichen Weg zu treffen.

Was kann ich gut und was macht mir Spaß? Was kann ich mit einem bestimmten Studiengang oder einer Ausbildung später überhaupt alles machen? Wie treffe ich die für mich richtige Entscheidung? Und welcher Beruf macht mich am Ende wirklich glücklich?

Das sind alles Fragen, die einen als junger Mensch umtreiben und teilweise auch verunsichern können. Und deshalb möchten wir mit dir gemeinsam vielen dieser Fragen auf die Spur gehen und dich in dieser herausfordernden Phase der beruflichen Orientierung mit **CIRCLES** unterstützen und Lösungen aufzeigen.

Dabei steht bei **CIRCLES** immer eine Person im Fokus: Du! … Du mit deinen individuellen Fähigkeiten, Werten und Wünschen! Und damit ist auch schon eines klar: Es wird bei **CIRCLES** nicht den einen Traumberuf geben, der zu 100 % zu dir passt. Dafür bist du viel zu vielseitig und daher gibt es dieses Versprechen bei **CIRCLES** nicht. Aber wir können dir versprechen, dich mit deinen Stärken, Wünschen und Unsicherheiten erst zu nehmen und dir auf dem Weg zur Berufswahl zur Seite zu stehen und dich zu unterstützen. Es kann zu diesem Zeitpunkt auch erstmal nur darum gehen, einen Start ins Berufsleben zu finden und nicht darum, einen speziellen Beruf zu finden, den man die nächsten 40 Jahre ausüben möchte.

Inhalt

So arbeitest du mit **CIRCLES**

Hinführung: Wofür steht **CIRCLES**?

1 Warum sollte ich mich mit dem Thema „Berufsorientierung" beschäftigen?

2 Abi – und dann? Möglichkeiten nach dem Schulabschluss

3 Wie komme ich zu einer Entscheidung?

4 Wer sich selbst findet, entdeckt was er kann!

1 Warum sollte ich mich mit dem Thema „Berufsorientierung" beschäftigen?

So ging es nach dem Abitur für uns weiter ...

M1 Frederik, Leyla und Raffaela haben vor fünf Jahren Abitur gemacht. Während eines Career Days, der an ihrer früheren Schule stattfindet, berichten sie von ihrem Werdegang.

Frederik: Direkt nach dem Abi habe ich Physik studiert. In der Schule machte mir das Fach Spaß, aber das Studium war mir zu theoretisch. Nach einem Semester wechselte ich zu Jura. Mir gefielen die Berufsmöglichkeiten nach dem Abschluss. Ich konnte mich gut durchbeißen, aber meine Leistungen waren nur durchschnittlich. Parallel zum Studium fing ich an zu werkeln: neue Möbel für mein WG-Zimmer. Ich begann auch Ausstellungen zu besuchen und Design- und Architekturbücher zu lesen. Im zweiten Semester Jura erzählte ich dann meinen Eltern von meiner Unzufriedenheit und meiner Idee, meinem Interesse für Design und Architektur auch beruflich nachzugehen. Ich besuchte die Studienberatung und machte einen Eignungstest bei der Arbeitsagentur. Ich entschloss mich für das Studienfach Innenarchitektur. In den nächsten Monaten arbeitete ich an meiner Mappe für die Bewerbung. Außerdem machte ich parallel ein Praktikum bei einer Innenarchitektin. Alle meine Anstrengungen zahlten sich aus: Ich studiere mittlerweile in Düsseldorf Innenarchitektur und es läuft richtig gut.

Leyla: Ich habe gerade mein duales Studium „Digitale Medien" in einem großen Unternehmen abgeschlossen. Der Weg dorthin zog sich etwas, was meinen Eltern mehr Sorgen bereitet hat als mir selbst. Ich wusste, dass ich etwas mit Medien machen möchte. Aber zunächst wollte ich reisen, Asien und Australien erkunden. Die Vorbereitungszeit für meine Reise hatte ich aber etwas unterschätzt, ich konnte erst im Herbst starten. Nach meiner Rückkehr im Mai beschäftigte ich mich dann intensiver damit, was ich genau machen möchte. Die Berufsmöglichkeiten im Bereich Medien überforderten mich erst einmal. Nach einiger Zeit entschied ich mich dann für ein duales Studium, aber alle Unternehmen hatten schon ihre Plätze für den Start im Sommer vergeben. Also musste ich auf den nächsten Bewerbungszeitraum warten. Die Zeit überbrückte ich mit einem Job im Einzelhandel. Eintönig, aber zumindest konnte ich etwas Geld verdienen. Nach dem erfolgreichen Auswahlverfahren konnte ich mein duales Studium dann beginnen und freue mich jetzt nach meinem Abschluss richtig durchzustarten.

Raffaela: Für mich gab es nach dem Abi keine große Verschnaufpause. Ich wollte schon lange etwas im Bereich Eventmanagement machen. Auf einer Messe zum Thema Ausbildung und Studium entdeckte ich den Ausbildungsberuf „Veranstaltungskaufmann/-frau" und erhielt auch ein paar Adressen von Unternehmen. Im Internet informierte ich mich dann genauer und verschickte im dritten Kurshalbjahr einige Bewerbungen. Es gab ein paar Absagen, aber im Frühling konnte ich einen Ausbildungsvertrag unterschreiben. Mittlerweile wurde ich von meinem Ausbildungsbetrieb übernommen und hoffe, dort weiterhin aufsteigen zu können.

Herausforderungen:

_____
_____
_____
_____
_____
_____
_____
_____

Tipps & Hinweise:

_____
_____
_____
_____
_____
_____
_____
_____

1 Notiere dir alle Herausforderungen, die in den Berichten angesprochen werden (M1). Ergänze die Liste um weitere Schwierigkeiten, die bei der Berufs- und Studienwahl auftreten könnten.

2 Tausche dich darüber aus, welche Tipps & Hinweise du aus den Berichten für deinen eigenen beruflichen Orientierungs- und Entscheidungsprozess ableiten kannst. Notiere dir diese.

3 Vergleicht die Wege und diskutiert, ob und inwiefern einer der drei Wege zum Berufsziel als „erfolgreicher" bezeichnet werden kann.

Meine Zukunftsreise

M2 Illustration Zeitreise

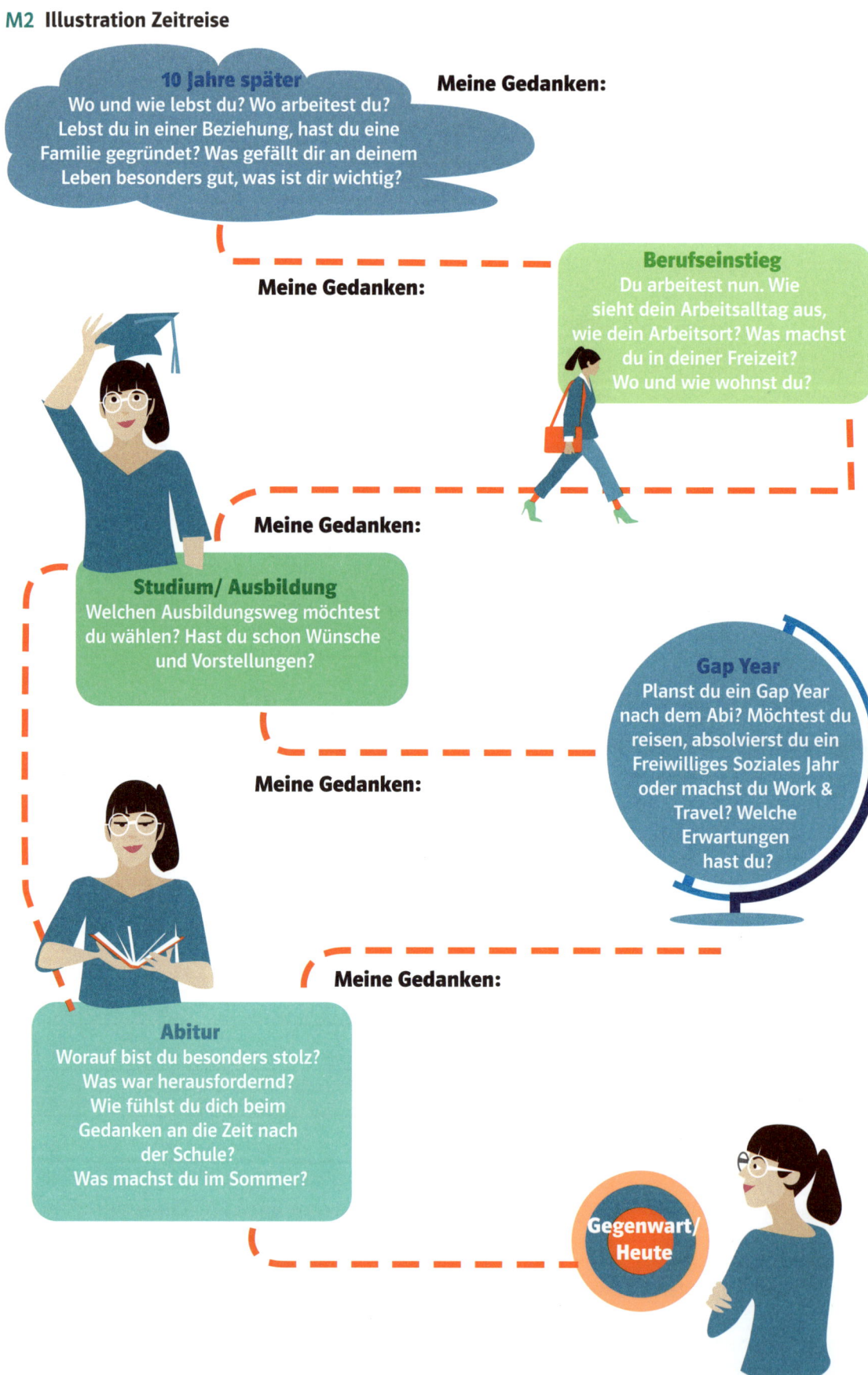

10 Jahre später
Wo und wie lebst du? Wo arbeitest du? Lebst du in einer Beziehung, hast du eine Familie gegründet? Was gefällt dir an deinem Leben besonders gut, was ist dir wichtig?

Meine Gedanken:

Meine Gedanken:

Berufseinstieg
Du arbeitest nun. Wie sieht dein Arbeitsalltag aus, wie dein Arbeitsort? Was machst du in deiner Freizeit? Wo und wie wohnst du?

Meine Gedanken:

Studium/ Ausbildung
Welchen Ausbildungsweg möchtest du wählen? Hast du schon Wünsche und Vorstellungen?

Meine Gedanken:

Gap Year
Planst du ein Gap Year nach dem Abi? Möchtest du reisen, absolvierst du ein Freiwilliges Soziales Jahr oder machst du Work & Travel? Welche Erwartungen hast du?

Meine Gedanken:

Abitur
Worauf bist du besonders stolz? Was war herausfordernd? Wie fühlst du dich beim Gedanken an die Zeit nach der Schule? Was machst du im Sommer?

Gegenwart/ Heute

1 Notiere dir in Stichpunkten deine Wünsche, Vorstellungen und Befürchtungen zu den einzelnen Etappen. Beginne mit der Etappe „Abitur". Die dazugehörigen Fragen kannst du als Anregung nutzen.

Selbsterkundung: Meine Interessen, Stärken und Werte

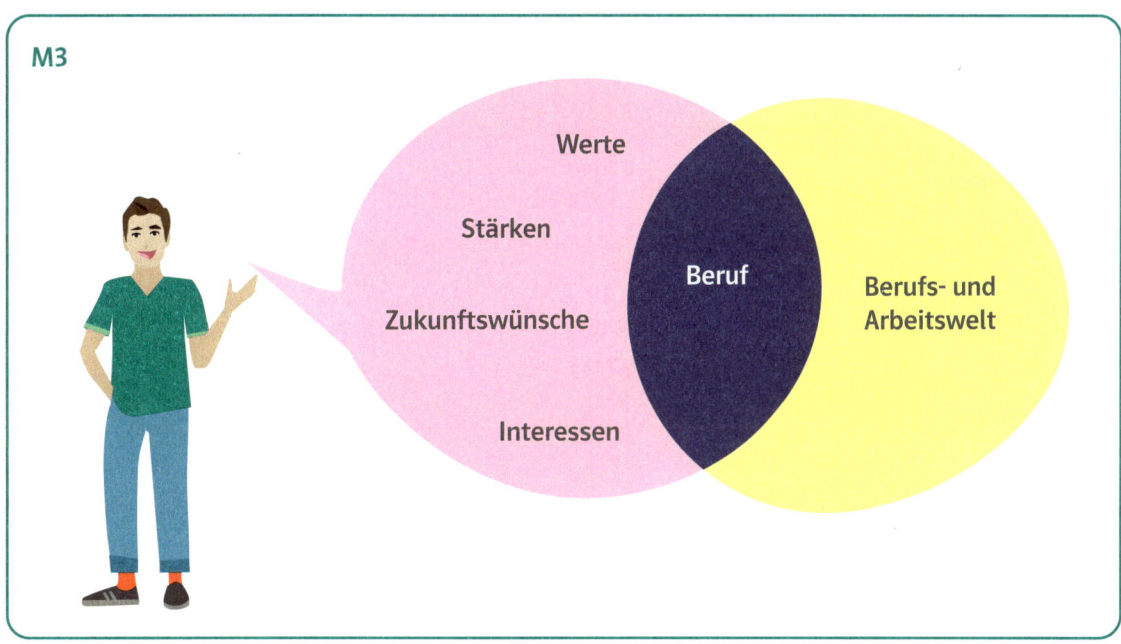

M3

Werte
Stärken
Zukunftswünsche
Interessen
Beruf
Berufs- und Arbeitswelt

Möglichkeiten, um Interessen und Stärken zu erkennen:

_____

_____

_____

_____

_____

_____

_____

_____

_____

M4 Zitate zum Thema Arbeit

„Ein Meister der Lebenskunst trennt nicht Arbeit und Spaß, Arbeit und Freizeit, Körper und Geist, Ausbildung und Erholung. Er vermag beides kaum zu unterscheiden. Er verfolgt einfach bei allem, was er tut, seine Vorstellung von Vortrefflichkeit und überlässt es anderen, zu beurteilen, ob er arbeitet oder sich vergnügt. In seinen Augen tut er immer beides." **Francois-René de Chateaubriand** (französischer Schriftsteller und Dichter, 1768–1848)

„Das einzige Mittel, um zu leben, ist Arbeit. Um arbeiten zu können, muss man die Arbeit lieben. Um die Arbeit lieben zu können, muss sie interessant sein." **Leo Tolstoi** (russischer Schriftsteller, 1828–1910)

„Talent ist billiger als Salz. Was den erfolgreichen Menschen vom talentierten unterscheidet, ist eine Menge harter Arbeit." **Stephen King**, US-amerikanischer Schriftsteller, geb. 1947)

1 Beschreibe die Grafik M3. Definiere die Begriffe „Interessen", „Stärken", „Werte" sowie „Beruf" und ergänze M3 um die von dir formulierten Definitionen.

2 Sammle Möglichkeiten, wie bzw. woran du deine eigenen Interessen und Stärken erkennen kannst. Notiere die Ergebnisse in das dazugehörige Feld.

3 Sammle die Unterschiede und Gemeinsamkeiten hinsichtlich der Einstellung zur Arbeit (M4) und nehme persönlich Stellung zu den Aussagen.

Meine persönlichen Werte reflektieren

M5

Warum üben Menschen einen bestimmten Beruf aus? Eine mögliche Antwort: um Geld zu verdienen. Aber für viele Menschen bedeuten Arbeit und Beruf weit mehr als das.

„Mit Kosten-Nutzen-Rechnungen kennt er sich aus. Fabian Schenk, 31 Jahre alt, war jahrelang Business Analyst. Sein duales Studium absolvierte er bei Adidas in Herzogenaurach bei Nürnberg und arbeitete danach einige Jahre in der Abteilung für High-End-Fashion des Unternehmens. Dort, wo sich ein Team aus Designern, Entwicklern und Marketingfachleuten ausdenkt, wie man das nächste Paar edler Schuhe erst auf die Laufstege in Paris, London und Berlin und dann in die Läden bringt. Schenk wusste, wie hoch die Gewinnspanne bei einem Designschuh ist, der in asiatischen Niedriglohnländern produziert wird und dann am Fuß von reichen Kundinnen und Kunden landet. Er analysierte, wo noch Luft nach oben ist und wo gespart werden kann.

Vor drei Jahren begann Schenk eine sehr persönliche Kosten-Nutzen-Rechnung: Er hatte Spaß an seinen Aufgaben bei Adidas und mochte die Kolleginnen und Kollegen, die sich wie er für Sport begeisterten. Nach Feierabend gingen sie zusammen Fußballspielen, an den Wochenenden in die Berge zum Snowboarden. ‚Es gab ein richtig gutes Teamgefühl', sagt er. Trotzdem fehlte ihm etwas. Etwas, das sich wohl am besten mit dem Wort Sinn beschreiben lässt. Das Ziel bei Adidas sei immer gewesen, mehr Gewinn zu machen und noch weiter zu wachsen. Irgendwann fragte Schenk sich: ‚Wie macht das nächste Paar 500-Euro-Schuhe die Welt auch nur ein bisschen besser?' Nach Reisen durch Kuba und Südamerika war er sich sicher: Einen Milliardenschweren Konzern noch größer zu machen, entsprach nicht mehr seiner Vorstellung von sinnvoller Arbeit. ‚Ich habe beim Reisen existenzielle Konflikte gesehen, von denen wir in Deutschland nichts mitbekommen, für die wir teilweise aber mitverantwortlich sind. Das alles zu erleben, aber kein Ventil für meine Ideen und Verbesserungsimpulse zu haben, hat eine wahnsinnige innere Unruhe bei mir ausgelöst', sagt er. [. . .]"

Quelle: www.zeit.de/arbeit/2019-03/berufswahl-sinnvolle-arbeit-zufriedenheit-jobwechsel

M6 Werte im Berufsleben

Gesundheit	Familienleben	Reichtum	Nachhaltigkeit
viel Freizeit	finanzielle Sicherheit	Hilfsbereitschaft	Unabhängigkeit
Abenteuer erleben	soziale Gerechtigkeit	Gleichberechtigung	Respekt
Karriere	Freundschaften	Freiheit	Teamgeist
Kreativität	Anerkennung	Verantwortung	…

Die für mich wichtigsten Werte sind:

_____

_____

_____

1 Erkläre, warum Fabian Schenk eine „innere Unruhe" verspürte (M5).

2 Tausche Lösungsmöglichkeiten aus, wie Fabian Schenk diese Unruhe beseitigen könnte.

3 Diskutiert, ob und inwiefern Werte Einfluss auf den Berufsorientierungsprozess nehmen sollten.

4 Gehe die Liste an Werten durch und überlege dir, welche drei bis vier Werte dir im Berufsleben am meisten bedeuten (M6). Ergänze fehlende Werte, wenn dir diese persönlich besonders wichtig sind.

5 Diskutiert, ob ihr persönlich Einbußen beim Gehalt hinnehmen würdet, wenn ihr für ein Unternehmen arbeiten könntet, das für euch wichtige Werte berücksichtigt, z. B. sozialökologische Verantwortung.

Mein Berufsorientierungsprozess: Wo stehe ich gerade?

M7 Selbsterkundung

Meine Wünsche und Ziele für die Zukunft:

_____

_____

_____

_____

Meine Stärken:	Meine Interessen:	Meine Werte:
_____	_____	_____
_____	_____	_____
_____	_____	_____
_____	_____	_____
_____	_____	_____

Vorschläge möglicher Berufe bzw. Studiengänge:

_____

_____

_____

_____

_____

_____

Reflexion

Bewertung:

_____

_____

_____

Schlussfolgerungen:

_____

_____

_____

Offene Fragen:

_____

_____

_____

1 Fülle die Übersicht „Selbsterkundung" (M7) aus. Gehe dazu z. B. auch in Gedanken frühere Aktivitäten deiner Berufsorientierung durch (z. B. Praktikum, Betriebserkundungen) und überlege, welche Erkenntnisse du daraus ziehen konntest. Berücksichtige dabei zudem deine Ergebnisse der Seiten 5–8.

2 Stellt euch in Kleingruppen nacheinander eure Eintragungen vor. Leitet aus den Wünschen, Zielen, Stärken, Interessen und Werten des Einzelnen mögliche Berufe oder Studiengänge ab. Jedes Gruppenmitglied notiert sich mindestens drei Vorschläge.

3 Reflektiere den Austausch persönlich. Trage deine Ergebnisse in die Felder ein.
Wie bewertest du die Vorschläge?
Ziehe deine persönlichen Schlussfolgerungen: Mit welchen Aspekten (z. B. Berufe, Ausbildungswege oder Studiengänge) möchtest du dich genauer beschäftigen? Welche Fragen sind offen geblieben?

2 Abi – und dann? Möglichkeiten nach dem Schulabschluss

Ausbildungswege nach dem Abitur

M8 Studieren zu viele?

[…] [F]ast vier von fünf Abiturienten [studieren].

Abitur = Studium, […] als handele es sich um ein Naturgesetz. […] Heute studieren in Deutschland 2,8 Millionen Menschen, fast eine Million mehr als vor zehn Jahren. Diese [Entwicklung] basiert auf einer unschönen Annahme: Wer nicht studiert, gilt als weniger wert: Wie, du machst nur eine Ausbildung? Als sei das etwas Schlechtes. Der gesellschaftliche Druck […] bringt viele an die Unis, die sich dort nicht wohlfühlen. Weil ihre eigentlichen Talente brachliegen, während sie sich durch Vorlesungen quälen und schließlich […] frustriert aufgeben

(derzeit bricht fast jeder Dritte sein Studium ab). Beginnen sie dann eine Berufsausbildung, haben sie nicht nur viel Zeit verloren, sondern auch Selbstvertrauen. Dabei war ein Studium nur die falsche Wahl.

Quelle: www.zeit.de/2017/42/studenten-studium-hochschule-abitur

M9 Übersicht Ausbildungswege

NACH DEM ABITUR

AUSBILDUNG
- Duale bzw. betriebliche Ausbildung
- Schulische Ausbildung
- Abiturientenausbildung

DUALES STUDIUM
- Theorie an Hochschulen und Akademien
- Praxisphasen in Unternehmen

STUDIUM
- An Universitäten, Fachhochschulen, Berufsakademien
- Einige Studiengänge bereiten konkret auf einen bestimmten Beruf vor (z.B. Medizin oder Lehramt); bei anderen ist das Ziel weniger klar definiert (z.B. Germansitik oder BWL)
- ein Studienfach = mehrere Berufsmöglichkeiten

EINSTIEGSPROGRAMME
- Traineeprogramme für Berufsanfänger
- Referendariat für Lehrer:innen und Jurist:innen
- Volontariat im Medien- und Kulturbereich

BERUFSLEBEN

WEITERBILDUNG

PROMOTION
im Rahmen eines Promotionsverfahrens Erlangung des akademischen Grades eines Doktors

1 Fasse die im *Zeit*-Artikel (M8) formulierte Problematik zusammen.

2 Beschreibe die Übersicht M9.

3 Recherchiere weitere Grundzüge der drei Ausbildungswege (z.B. Dauer, Abschluss, Finanzierung). Notiere die Schlagwörter in M9. Tausche dich über deine Ergebnisse aus.

4 Diskutiert die im Artikel wiedergegebene Annahme: „Wer nicht studiert, gilt als weniger wert."

Die Vielfalt der Berufs- und Studienwelt erkunden

Das Angebot ist riesig: 18.600 Studiengänge, davon ca. 9.000 Bachelorstudiengänge, 325 anerkannte Ausbildungsberufe und 1.592 duale Studiengänge. Die Aneinanderreihung dieser Zahlen kann das Gefühl der Überforderung wecken. Aber die Zahlen demonstrieren auch, wie vielfältig die Möglichkeiten für jeden Einzelnen sind. Es lohnt sich also, den Fokus von den altbekannten Berufen und Studiengängen, die man aus den Medien oder durch die Familie kennt, auf noch unbekannte Bereiche zu richten. Um dabei aber nicht den Überblick zu verlieren, hilft die Orientierung an Studienbereichen und Berufsfeldern.

M10 Übersicht Studien- und Berufsfelder

Studienfelder	Berufsfelder
1. Agrar-, Forst- und Ernährungs-wissenschaften 2. Ingenieurwissenschaften 3. Mathematik, Naturwissenschaften 4. Medizin, Gesundheitswissenschaften, Psychologie, Sport 5. Wirtschaftswissenschaften 6. Rechts-, Sozialwissenschaften 7. Erziehungs-, Bildungswissenschaften 8. Sprach-, Kulturwissenschaften 9. Kunst, Musik 10. Lehramt 11. Öffentliche Verwaltung	1. Bau, Architektur, Vermessung 2. Dienstleistung 3. Elektro 4. Gesundheit 5. IT, Computer 6. Kunst, Kultur, Gestaltung 7. Landwirtschaft, Natur, Umwelt 8. Medien 9. Metall, Maschinenbau 10. Naturwissenschaften 11. Produktion, Fertigung 12. Soziales, Pädagogik 13. Technik, Technologiefelder 14. Verkehr, Logistik 15. Wirtschaft, Verwaltung

M11 Einige Möglichkeiten zum Erkunden

- Besuch des Berufsinformationszentrums (BIZ)
- Besuch von Messen
- Gespräche mit Berufstätigen, Studierenden, Auszubildenden führen
- Unternehmensbesuche, individuelle Schnuppertage, Praktika
- Teilnahme an Informationstagen, z. B. von Hochschulen, Akademien
- Nutzung von Onlineportalen

1 *„Ich finde was, was du nicht kennst!"* – Recherchiere im Internet unbekannte Berufe. Wähle einen aus, den du deinen Mitschüler:innen vorstellen möchtest. Erstelle für die Präsentation einen Steckbrief mit folgenden Bestandteilen: Berufsbezeichnung, Aufgaben und Tätigkeiten, Arbeitsort(e), Ausbildungsweg.

2 Beschreibe ein Studien- oder Berufsfeld (M10) genauer, das dich interessiert und skizziere zwei dazugehörige Ausbildungsberufe bzw. (duale) Studiengänge. Trage deine Ergebnisse stichpunktartig in die Übersicht ein (M12).

M12 Die Vielfalt der Berufs- und Studienwelt erkunden – Rechercheergebnisse

Studienfeld bzw. Berufsfeld

Kurzbeschreibung:

_____

_____

_____

(Ausbildungs-)Beruf bzw. Studiengang

_____

_____

_____

_____

(Ausbildungs-)Beruf bzw. Studiengang

_____

_____

_____

_____

Anforderungen und Voraussetzungen (Fähigkeiten, Auswahlverfahren etc.)

_____

_____

_____

_____

Anforderungen und Voraussetzungen (Fähigkeiten, Auswahlverfahren etc.)

_____

_____

_____

_____

Dauer und Gliederung der Ausbildung bzw.
des Studiengangs

_____

_____

_____

_____

Dauer und Gliederung der Ausbildung bzw.
des Studiengangs

_____

_____

_____

_____

Inhalte, Aufgaben, Tätigkeiten

_____

_____

_____

Inhalte, Aufgaben, Tätigkeiten

_____

_____

_____

Veränderungen & Megatrends der Arbeitswelt

M13 Corporate Social Responsibility Manager:in, Data Artist:in, 3D-Druck-Expert:in … – Diese Berufe zählen zu den Trendberufen und sind das Spiegelbild einiger Megatrends, die die Arbeitswelt deutlich beeinflussen und verändern.

Der Begriff „Arbeitswelt 4.0" umreißt diese Veränderungen, die durch die Digitalisierung und den Einsatz neuer Technologien wie Big Data, Robotik und 3D-Druck entstehen. Aber auch die Globalisierung, der demografische Wandel und die Nachhaltigkeit sind von großer Bedeutung für die Arbeitswelt der Zukunft. Diese Veränderungen zeigen sich nicht nur in Bezug auf Berufe und Berufsfelder, sondern z. B. auch hinsichtlich der Arbeitsformen, Arbeitszeitmodelle und Anforderungen an Berufstätige.

Arbeitsort Park

M14 Demografischer Wandel

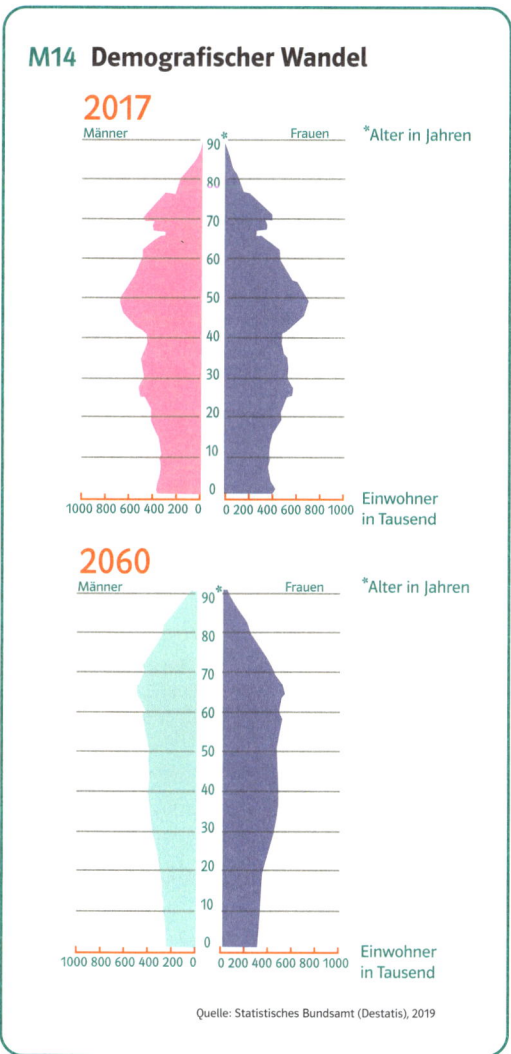

Quelle: Statistisches Bundsamt (Destatis), 2019

M15 Arbeitsmarkt der Zukunft

[…] Für das Jahr 2040 errechneten die Forscher einen Mangel von 3,3 Millionen Fachkräften. Dieses Fehlen qualifizierter Arbeitskräfte sei ein Kernproblem der deutschen Wirtschaft […]. Als Grund für die wachsende Fachkräftelücke sehen die Verfasser der Studie vor allem die Überalterung der Gesellschaft. […]

Dazu, dass der Arbeitsmarkt sich grundsätzlich verändert, trügen auch der wachsende internationale Wettbewerb und ein verändertes Konsumverhalten bei. Die größte Herausforderung stelle aber die Digitalisierung dar: In fast allen Wirtschaftsbereichen würden manche Berufe immer mehr an Bedeutung verlieren. Das Prognos-Institut schätzt, dass in Zukunft etwa viele Sicherungs- und Überwachungstätigkeiten wegfallen, aber auch Tätigkeiten als Lastwagenfahrer und Packer. Ebenso würden elektronische Systeme Buchhaltern, Kreditsachbearbeitern und Immobilienmaklern Konkurrenz machen. Auf der anderen Seite sehen die Forscher bereits für 2020 einen Mangel an Managern, Forschern, Ingenieuren, Ärzten, Pflegern und medizinischen Assistenten […]. Der Studie zufolge fehlen gleichermaßen Arbeitskräfte mit abgeschlossener Berufsausbildung.

Quelle: https://www.zeit.de/wirtschaft/2017-08/studie-fachkraefte-mangel-deutschland-2040

M16 Ein Architekt, 44 Jahre, über seinen Beruf

[…] Ich arbeite seit zwölf Jahren in einem Architekturbüro. Wir entwerfen hauptsächlich Wohnhäuser. Ich habe in der Übergangszeit zur Digitalisierung studiert. […] Auch heute noch mache ich die ersten Skizzen immer per Hand. […] Um Maße zu prüfen oder ein Gebäude zu planen, das exakt auf ein 25 Quadratmeter großes Grundstück passt, ist der Computer aber eine große Hilfe. Er ist wesentlich schneller und genauer. Mit den steigenden technischen Anforderungen an die Gebäude ist auch die Planung der Häuser genauer und viel detailreicher geworden. […]

Früher arbeiteten Architekten mit Bauzeichnern zusammen, die die Entwürfe für sie zeichneten. Durch den Computer ist der Ausbildungsberuf mehr und mehr verdrängt worden. Denn die Architekten entwerfen nicht nur, sondern zeichnen ihre Entwürfe auch gleich.

Quelle: www.spiegel.de/karriere/digitalisierung-wie-sich-jobs-durch-computer-und-internet-veraendern-a-1266271.html

M17 Trendberufe

Kaufmann/-frau für E-Commerce / E-Commerce Manager:in

Ein Beruf mit Zukunft, weil …

_____

_____

KI-Spezialist:in

Ein Beruf mit Zukunft, weil …

_____

_____

Physician Assistant bzw. Arztassistent:in

Ein Beruf mit Zukunft, weil …

_____

_____

Umwelt- und Ressourcen Manager:in

Ein Beruf mit Zukunft, weil …

_____

_____

Arbeitswelt 4.0 – Veränderungen:

_____

_____

_____

_____

_____

_____

_____

_____

M18 New Work

[…] Wegener […] arbeitet als Entwickler bei Sipgate. Firmensitz ist Düsseldorf. Wegener sitzt im Büro des Teams „Satellite", der Blick geht durch große Fenster hinaus auf den begrünten Innenhof. Auf den ersten Blick ein ganz normaler Arbeitsplatz: ergonomischer Drehstuhl, Schreibtisch aus Buchenholz, am Computer kleben ein paar Post-Its in Gelb und Neonpink. Gelegen auf einem Hinterhof in einer ehemaligen Druckerei, beschäftigen sich hier knapp 180 Mitarbeiter mit dem Thema Internettelefonie.

Sipgate könnte ein ziemlich langweiliger Arbeitgeber sein. Doch die Arbeitsweise des Unternehmens hat es in sich. Seit knapp zehn Jahren setzt Sipgate auf das Konzept der agilen Arbeit, und das radikal: Es gibt keine Chefs, alle Entscheidungen treffen die Teams gemeinsam. Auch neue Kollegen stellen die Mitarbeiter selbst ein. Abteilungen sucht man vergebens, stattdessen arbeiten Beschäftigte in funktionalen Einheiten zusammen. Alle paar Monate wechseln sie ihren Arbeitsplatz innerhalb des Unternehmens.

Das Ziel: bloß keine Gewohnheiten aufkommen lassen. Man will flexibel bleiben, um auf unerwartete Veränderungen reagieren zu können. Denn Sipgate muss sich auf dem Markt mit Konkurrenten wie Vodafone messen. Das „agile Arbeiten" ist hier keine Wohlfahrt, sondern Mittel zum Zweck – alles ist auf maximale Effizienz getrimmt.

In wenigen Wochen will das Team eine neue App auf den Markt bringen, mit der Kunden deutlich günstiger ins Ausland telefonieren können. Alles stressig also, jetzt in der Endphase der Produktentwicklung? „Wir konnten uns den Launchtermin ja selbst aussuchen", sagt Wegener. So war das Team gefordert, seinen Zeitplan realistisch einzuschätzen. Gestresst sei hier deshalb niemand, so Wegener. Verfehlt das Team den selbst gesetzten Termin allerdings, wäre es dafür auch selbst verantwortlich. Und Überstunden, wenn es doch mal eng wird? Sind verboten. […]

Das Konzept, nach dem Sipgate arbeitet, fußt auf einer Grundmaxime: Egal ob Launchtermin oder Arbeitszeit, Verantwortung trägt hier jeder – für seine Arbeit und für die seiner Kollegen. So werden Hierarchien überflüssig, weil man niemanden mehr braucht, der alle Entscheidungen allein fällt. Es bedeutet aber auch: Der Druck, der sonst auf Führungskräften lastet, wird auf alle Mitarbeiter verteilt. […].

Quelle: www.spiegel.de/karriere/new-work-in-duesseldorf-wo-ueberstunden-ein-no-go-sind-a-1267204.html

M19 Weltweiter Trend: Co-Working-Spaces

Durch neue technologische Entwicklungen ist es heutzutage in vielen Fällen möglich, ortsunabhängig und flexibel zu arbeiten. Co-Working-Spaces dienen als flexible Arbeitsplatzlösungen. Die Gemeinschaftsbüros werden z.B. von Freiberuflern, Start-ups oder digitalen Nomaden gegen Gebühr genutzt.

Das Tolle: Die unterschiedlichsten Menschen aus verschiedenen Branchen sitzen zusammen und können sich durch einen produktiven Austausch auch mal gegenseitig inspirieren.

M20 Lebenslanges Lernen

Immer wieder bestimmen negative Schlagzeilen die mediale Berichterstattung über die Zukunft der Arbeit. Dabei geht uns auch im Zeitalter der Digitalisierung die Arbeit nicht aus. [...] Karliczek [Bundesministerin für Bildung und Forschung]: „Bis zum Jahr 2025 entstehen [...] ungefähr genauso viele Arbeitsplätze wie andererseits welche wegfallen."

Das setze die Anstrengung eines jeden Einzelnen voraus. Aber auch die Politik sei gefragt, die Aus- und Weiterbildung an die Geschwindigkeit des modernen Arbeitens anzupassen: „Wir sollten immer bereit sein, unkonventionelle Wege zu gehen: frei, kreativ, mutig zu denken und flexibel zu bleiben. Lebenslanges Lernen wird zur Königsdisziplin", sagte Karliczek.

Quelle: https://www.bmbf.de/bmbf/shareddocs/kurzmeldungen/de/karliczek-lebenslanges-lernen-wird-zur-koenigsdisziplin.html

1 Erkläre mithilfe von M14–M16, welche Veränderungen sich aus den sogenannten Megatrends Digitalisierung, Globalisierung und demografischer Wandel für die Arbeitswelt ergeben. Liste diese in Stichpunkten auf.

2 Informiere dich im Internet über zwei der in M17 aufgeführten Trendberufe. Erläutere, warum diese Berufe als Berufe der Zukunft gelten und welche Ausbildungswege zu diesen Trendberufen führen.

3 Bearbeite eine der beiden Aufgaben:
a) Recherchiere für einen Beruf deiner Wahl, wie zukunftsfähig dieser wahrscheinlich sein wird.
b) Erfinde einen Trendberuf des Jahres 2050. Gestalte dafür ein Berufsprofil einschließlich passender Berufsbezeichnung.

4 *Arbeitswelt 4.0 und New Work – ein Traum oder Albtraum für Beschäftigte?* – Führe gemeinsam mit deinen Mitschüler:innen eine Fishbowl-Diskussion durch.
Bereite dich darauf vor, indem du die Merkmale der Arbeitskultur New Work (M13, M18, M20) sowie die Anforderungen, die dadurch an Berufstätige gestellt werden (M18, M19, M20), herausarbeitest.

Gap Year – Möglichkeiten, Chancen & Stolpersteine

M21 Gap Year – Möglichkeiten, Chancen & Stolpersteine

Freiwilliges Soziales Jahr
(FSJ, FSJ Kultur, FSJ Sport, FSJ Politik)

Work & Travel

Au-pair

Freiwilliges Ökologisches Jahr (FÖJ)

Praktikum

Internationaler Jugendfreiwilligendienst

(Welt-)Reise

Bundesfreiwilligendienst (BFD)

Sprachreise

M22 Mats: Freiwilliges Ökologisches Jahr

Mein Freiwilliges Ökologisches Jahr konnte ich bei einer Naturschutzorganisation absolvieren, die ein umweltpädagogisches Programm für Grundschulen anbietet. Das war für mich ideal, weil ich noch unsicher war, ob mein Berufswunsch „Grundschullehrer" wirklich zu mir passte. Während des Jahres durfte ich Führungen und Workshops durchführen, zunächst noch als Begleitung eines erfahrenen Mitarbeiters, später dann auch allein. Manchmal ging es im Wald hoch her, z.B. wenn die Kinder Spuren eines bestimmten Tieres im Wald suchten oder mit Becherlupen viele Kaulquappen entdecken. Ich musste immer präsent sein, die gefühlt 1000 Nachfragen geduldig und verständlich beantworten und müde Schüler:innen zum Weitergehen ermuntern.

Durch die Organisation bekam ich zudem die Möglichkeit, eine Ausbildung zum Leiter von Jugendprojekten zu machen, wodurch ich Kenntnisse im Projektmanagement und pädagogisches Wissen sammeln konnte. Die FÖJ-Seminare fand ich auch toll, weil ich mich dort mit anderen FÖJler:innen austauschen und viel über Natur- und Umweltthemen erfahren konnte. Und am Ende war ich mir auch sicher: Ich möchte Grundschullehrer werden.

M23 Hanna: Work & Travel in Australien

Nachdem ich endlich das Abiturzeugnis in der Tasche hatte, machte ich mich an die Planung meines Work & Travel-Abenteuers in Australien: Reisepass und Working-Holiday-Visum beantragen, Flüge buchen, Auslandskrankenversicherung abschließen, Kreditkarte beantragen, grobe Reiseroute recherchieren, Informationen zu möglichen Gelegenheitsjobs und Unterkünften sammeln. Es gab einiges zu organisieren, aber mit jeder erledigten Aufgabe stieg auch die Vorfreude.

Und dann ging das Abenteuer los. Allein flog ich nach Sydney – 16.500 km Luftlinie von Frankfurt am Main entfernt. Von Anfang an war mir klar: Australien ist riesig, das ganze Land kann ich nicht bereisen. Aber tolle Strände, Outback, Wombats, Kängurus, Koalas und Surfen mussten schon sein. Aber Urlaub allein war natürlich nicht drin. Um mir den Lebensunterhalt zu finanzieren, suchte ich mir Gelegenheitsjobs: Ich arbeitete als Servicekraft in einem Café, reinigte Tennisplätze oder half auf Farmen. Die Farmarbeit war körperlich sehr hart. Ich erntete Ananasse, Tomaten und Bananen. Niemals hätte ich gedacht, dass die Bananenernte so anstrengend ist. Die Stauden können bis zu 100 kg wiegen. Diese Stauden mussten wir Erntehelfer auf den Plantagen über schlammige Böden bis zum Trailer schleppen, und zwar von morgens bis abends. Eine Herausforderung der ersten Wochen waren auch meine Englischkenntnisse. Mich auf Englisch für Jobs vorzustellen, kostete mich anfangs einige Überwindung. Auch die Umsetzung von Anweisungen und Aufgaben fiel mir manchmal schwer, weil mir die Vokabeln fehlten. Das ging mir auch beim Knüpfen anderer Kontakte so. Ich bin eigentlich ein zurückhaltender Mensch und es kostet mich einige Überwindung, auf andere zuzugehen, vor allem auch in einer anderen Sprache. Aber auch das fiel mir immer leichter. Ich traf Menschen aus allen Teilen der Welt, mit denen ich auf Farmen arbeitete und Ausflüge unternahm.

Diesen Erfahrungen waren einzigartig und prägend. Und weil ich den Austausch mit vielen verschiedenen Kulturen so interessant fand, habe ich nach meiner Rückkehr meinen Studienplan geändert. Eigentlich wollte ich Betriebswirtschaftslehre studieren, ein Klassiker. Nun studiere ich Kulturwirtschaft bzw. International Cultural and Business Studies. Ein Studiengang, der die Bereiche Wirtschaft, Sprachen und Kultur verbindet. Für mich die ideale Anknüpfung an mein Australienabenteuer!

M24 Der neue Trend: Voluntourismus

Kurz mitarbeiten, dann schnell wieder weg: Eine Studie zeigt, wie problematisch Freiwilligeneinsatz im Urlaub sein kann. Antje Monshausen von Brot für die Welt erklärt, wie man es besser machen kann.

Interview von Hans Gasser

Im Urlaub Gutes tun und auf eigene Kosten an einem Hilfsprojekt oder in einem Waisenhaus mitarbeiten – diese Reiseform wird immer beliebter. Sie wird Voluntourismus genannt, nach dem englischen Begriff Volunteering, Freiwilligenarbeit. Das Hilfswerk Brot für die Welt, der Arbeitskreis Tourismus & Entwicklung sowie die Kinderschutzorganisation ECPAT Deutschland haben 44 Angebote von 25 Veranstaltern untersucht und festgestellt, dass die meisten von ihnen an den Bedürfnissen der zahlenden Freiwilligen und nicht an jenen der Menschen in den Entwicklungsländern ausgerichtet sind. Antje Monshausen, Tourismusexpertin von Brot für die Welt, erklärt, wie man es besser machen kann.

SZ: Im Waisenhaus helfen statt am Strand zu liegen – was ist falsch daran?

Antje Monshausen: Grundsätzlich ist es gut, sich gesellschaftlich zu engagieren, auch im Ausland. Aber viele der Voluntourismus-Angebote, die wir uns angesehen haben, sind eher kontraproduktiv. Vor allem Einsätze in Waisenhäusern oder Kinderheimen sind ein großes Problem. In einigen Ländern wie etwa Kambodscha gibt es viele privat geführte Waisenhäuser nur deshalb, weil sich mit den Kindern gutes Geld verdienen lässt. Die Touristen aus den Industrieländern zahlen oft viel für so einen Aufenthalt.
Oft haben die Kinder noch Eltern, die sie aber dorthin geben, weil sie dafür etwas Geld bekommen und auf gute Bildung für die Kinder hoffen. So werden diese ihres Rechts beraubt, bei ihren Eltern aufzuwachsen.

SZ: Achten deutsche Voluntourismus-Anbieter etwa nicht auf solche negativen Auswüchse?

Leider zu wenige. 14 der von uns untersuchten 25 Anbieter haben weiter Waisenhausprojekte im Programm. Der Markt für diese Art von Reisen ist in den letzten Jahren stark gewachsen. Wir schätzen, dass 25.000 Menschen pro Jahr in Deutschland eine solche Reise buchen. Die Mehrheit der Freiwilligen will was mit Kindern machen. Und hier ist es so, dass die Anbieter vor allem die Kundenwünsche und nicht so sehr die Erfordernisse der Menschen in den Entwicklungsländern im Blick haben. So gibt es immer mehr einwöchige Angebote. Das macht bei der Arbeit mit Kindern wenig Sinn und birgt Gefahren.

SZ: Weshalb?

Der häufige Wechsel ist für Kinder problematisch. Wenn eine Bezugsperson, die sie vielleicht lieb gewonnen haben, nach wenigen Wochen wieder geht, kann das sehr belastend sein. Aufenthaltszeiten unter einem halben Jahr machen da keinen Sinn. Auch in Schulen und Kindergärten nicht. So etwas ist in Deutschland ja auch aus guten Gründen nicht erlaubt, wieso sollte es dann im Ausland so sein? [...]

SZ: Wie sollte man es als interessierter Freiwilliger richtig machen?

Wir raten eher zu entwicklungspolitischen Einsätzen bei gemeinnützigen Organisationen, die von der Bundesregierung etwa mit dem Programm „Weltwärts" gefördert werden. Da werden die Freiwilligen intensiv vorbereitet. Ein Einsatz dauert mindestens ein Jahr. So kann das Potenzial dieser jungen Menschen am besten genutzt werden. Am Ende geht es ja weniger um Helfen, sondern um globale Lernerfahrungen. Diese werden wegen der erheblichen Defizite bei der Vorbereitung, bei Auswahl und Begleitung der Freiwilligen im Rahmen kurzzeitiger Voluntourismus-Angebote kaum erreicht.

Quelle: https://www.sueddeutsche.de/reise/voluntourismus-einsaetze-in-waisenhaeusern-oder-kinderheimen-sind-ein-grosses-problem-1.3905360

1 Recherchiere Informationen zu einer der in M21 aufgeführten Gap Year-Varianten. Notiere Stichpunkte, z. B. zu Vorbereitung, Dauer, Ablauf, Finanziellem.

2 Arbeite mithilfe der Erfahrungsberichte (M22, M23, M24) Ziele und Erwartungen heraus, die mit der Durchführung eines Gap Years verbunden sein können.

3 In dem Interview der Süddeutschen Zeitung (M24) wird der Voluntourismus thematisiert. Erkläre diese Form des Gap Years.

4 Nehme persönlich Stellung zu folgender Frage. Beziehe hierbei auch die angesprochenen Probleme in dem Artikel mit ein (M24):
„Handelt es sich bei der neuen Jugendbewegung ‚Voluntourismus' um ein großes Friedenswerk oder um die zigfache Lebensveredelung lauter Einzelner?"

Persönliche Reflexion

Im bisherigen Kapitel 2 hast du dich genauer mit verschiedenen Ausbildungswegen, Berufsfeldern, Studienbereichen, der zukünftigen Arbeitswelt sowie Gap Year-Möglichkeiten auseinandergesetzt.

Überlege, welche Erkenntnisse du aus den allgemeinen berufskundlichen Kenntnissen für deinen persönlichen Orientierungsprozess ziehen kannst. Notiere deine Gedanken und Ergebnisse unten. Die kursiv gedruckten Satzanfänge kannst du als Impulse für deine Reflexion nutzen.

Ausbildungswege: Ausbildung, duales Studium, Studium

Ich bevorzuge …, weil …

_____

_____

Berufs- bzw. Studienfeldrecherche

Das riesige Angebot an Studiengängen finde ich toll/einschüchternd, weil …
Ich interessiere mich am meisten für das Berufsfeld …, weil …

_____

_____

_____

Arbeitsort und Arbeitsweise

Die Veränderungen der Arbeitsweise gefallen mir (nicht), weil …
Ich träume von einer Arbeitsweise, die …

_____

_____

_____

Gap Year

Ich interessiere mich für ein Gap Year, weil …
Ein Gap Year sollte man sich sehr gut überlegen, weil …

_____

_____

3 Wie komme ich zu einer Entscheidung?

Herausforderungen nach dem Abitur begegnen

Das Leben bietet in allen Phasen Herausforderungen. Die einen wählen wir freiwillig, mit anderen werden wir konfrontiert. Allen Herausforderungen ist gemeinsam, dass es sich um ungewohnte Situationen handelt, in denen wir gefordert werden. Das kann zum Beispiel eine Abiturklausur, der Sprung vom 10m-Turm, ein Wettkampf oder das erste Bewerbungsgespräch sein. Wer sich Herausforderungen stellt, verlässt die persönliche Komfortzone. Das 3-Zonen-Modell veranschaulicht dies.

M25 Das 3-Zonen Modell

Mentaltraining: eine Herausforderung visualisieren

Beschreibung der Herausforderung:

Wie fühle ich mich in der Situation?

Was bereitet mir Schwierigkeiten?

Wie motiviere ich mich, nicht aufzugeben?

Woran merke ich, dass ich die Herausforderung erfolgreich gemeistert habe?

Wie fühle ich mich danach?

1 Personalisiere das Schaubild zum 3-Zonen-Modell (M25). Notiere dir Stichpunkte zu den Zonen: In welchen Situationen fühlst du dich wohl? Welche Tätigkeiten gehen dir leicht von der Hand? Beschreibe eine frühere Herausforderung: War diese beabsichtigt? Wie bist du damit umgegangen? Was hast du für dich mitgenommen? In welchen Situationen, bei welchen Aufgaben empfindest du viel Stress, Angst oder Überforderung?

2 Tausche dich darüber aus, weshalb Menschen Herausforderungen annehmen bzw. warum sie diese meiden. Berücksichtige dabei deine Überlegungen zu Aufgabe 1.

3 Eine Technik, um Herausforderungen leichter zu meistern, ist die Visualisierung. Probiere diese Methode aus:

3.1 Sammelt im ersten Schritt gemeinsam mögliche Herausforderungen nach dem Abitur.

3.2 Wähle eine Herausforderung aus und sehe dir selbst dabei zu, wie du diese Herausforderung meisterst. Orientiere dich an den Leitfragen und notiere deine Gedanken.

Entscheidungshilfe: meine persönlichen Berufswahlkriterien

M26 Eckart von Hirschhausen: Alles, was zählt

[…] Eigentlich wollten wir nur schnell eine Erdbeermarmelade kaufen, dummerweise gibt es aber mehr als sieben. Wir sind überfordert und versuchen, die BESTE Entscheidung zu treffen: „Die Marke kenne ich. Ist die vielleicht besser? Die hat nur Erdbeer, die Erdbeer-Mango. Die hält noch zwei Monate, die sogar acht! Ist das gut oder schlecht? Aber jetzt nicht ablenken lassen – der Preis soll es entscheiden: Sind 50 Gramm mehr wirklich zwölf Cent wert? Jetzt müsste man den Dreisatz können – egal. Augenmaß geht auch: Nehme ich das große Glas und esse es aber nur zur Hälfte auf, ist es dann nicht gleich günstiger, das kleine, teure Glas zu nehmen, aber STOPP – das ist ja gar keine Marmelade, das ist Gelee – wie wichtig sind mir jetzt die Stückchen?" Was kauft man am Ende? Nutella!

Quelle: www.fr.de/panorama/alles-zaehlt-11532129.html

M27 Meine Berufswahlkriterien

Berufswahlkriterium	Bewertung (1–5 P.)	Recherche zu meinem gewählten Beruf: _____
Arbeitsmarktchancen		
Verdienst		
Karrierechancen		
Sicherer Arbeitsplatz		
Heimatnaher Standort		
Spaß und Erfüllung		
Familienfreundlichkeit		
Geregelte Arbeitszeiten		
Teamarbeit		
Eigene Ideen einbringen		
Eigenverantwortlichkeit		
Abwechslungsreiche Aufgaben		
Internationalität		
Work-Life-Balance		
Image des Berufs		
Sinnhafte Arbeit		
Fazit:		

1 Bauch- oder Kopftyp, langsamer Brüter oder Schnellentscheider:in – Tausche dich, ausgehend von M26, darüber aus, welcher Entscheidungstyp du bist.

2 Berufswahlkriterien können im Berufsorientierungsprozess bei der Entscheidung helfen. Gehe die Liste (M27) durch und gewichte die Kriterien. Vergebe für jedes Kriterium Punkte (1 = total unwichtig, 5 = sehr wichtig).

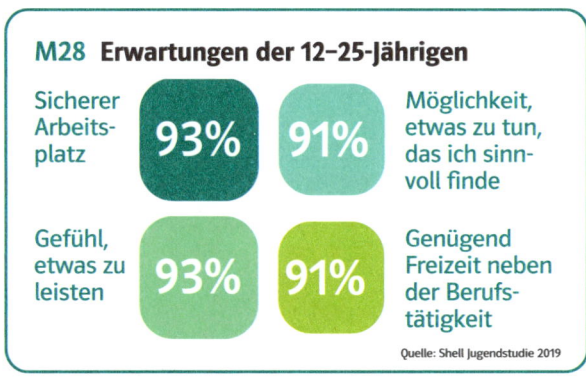

M28 **Erwartungen der 12–25-Jährigen**

Sicherer Arbeitsplatz **93%** **91%** Möglichkeit, etwas zu tun, das ich sinnvoll finde

Gefühl, etwas zu leisten **93%** **91%** Genügend Freizeit neben der Berufstätigkeit

Quelle: Shell Jugendstudie 2019

3 Ermittelt innerhalb des Kurses, welche Kriterien die TOP 4 sind. Vergleicht das Ergebnis mit der Shell Jugendstudie (M28).

4 Recherchiere, inwiefern ein für dich interessanter Beruf (s. z.B. S. 10) mit den Berufswahlkriterien vereinbar ist. Achte hierbei auf deine persönliche Gewichtung und ob deine wichtigsten Berufswahlkriterien mit deinem ausgewählten Beruf kompatibel sind. Notiere deine Bewertungsergebnisse in Stichpunkten in die Tabelle und ein abschließendes Fazit in M27.

Herausforderung oder Chance?
Ein Berufsfeld = mehrere Möglichkeiten

Armin, Elif und Benjamin haben zwei Dinge gemeinsam:
Sie haben das Abitur bereits in der Tasche und interessieren sich für den Bereich Informatik. Die Informatik bietet für Abiturient:innen, wie auch die anderen Berufsfelder, vielfältige Möglichkeiten in Bezug auf den Schwerpunkt und den Ausbildungsweg. Da kann die Entscheidung schwerfallen.

„Nach dem Abitur was mit Informatik machen"

Duale Ausbildung, z. B.:	Studium, z. B.:	Duales Studium,. z. B.:
• Fachinformatiker:in Anwendungsentwicklung • Fachinformatiker:in Systemintegration • Informatikkaufmann/ -kauffrau • IT-Systemelektroniker:in	• Bioinformatik • Medieninformatik • Medizinische Informatik • Allgemeine und digitale Forensik • Informatik	• Angewandte Informatik • IT-Security • Verwaltungsinformatik • Wirtschaftsinformatik

Armin:

Ich bin dualer Student der Wirtschaftsinformatik bei einem großen Unternehmen. Natürlich hätte ich auch ein Wirtschaftsinformatikstudium an einer Uni absolvieren können. Aber ich finde die Verbindung von Ausbildung im Unternehmen und Studium ideal, weil ich dadurch kontinuierlich das theoretische Wissen im Unternehmen in IT-Projekten anwenden kann. Praktisch ist auch, dass ich eine monatliche Vergütung erhalte und alle Studienkosten übernommen werden. Da in meiner Region keine Ausbildung in diesem Bereich möglich war, musste ich umziehen. Das Geld reicht für den Lebensunterhalt. Und nach dem Abschluss habe ich sehr gute Übernahmechancen. Durch diese Sicherheit kann ich mich voll auf mein Studium konzentrieren.

Elif:

Ich studiere Medizinische Informatik. Für mich ist der Studiengang die perfekte Verbindung meiner Interessen. Während der Schulzeit habe ich schon verschiedene Dinge im IT-Bereich ausprobiert. Privat bin ich seit meinem 13. Lebensjahr als Rettungsschwimmerin tätig. Ich arbeite gerne für und mit Menschen. Das Studium verzahnt die Fachgebiete Informatik und Medizin, aber auch Betriebswirtschaftslehre und Softwareentwicklung spielen eine Rolle. Hierdurch erwerbe ich ein breites Fundament an Methoden und Kenntnissen, wodurch mir nach dem Universitätsstudium viele Karrierewege in verschiedenen Branchen offenstehen, z. B. Wissenschaft und Forschung, die Industrie und das Gesundheitswesen. Auch eine berufliche Tätigkeit außerhalb des Gesundheitswesens ist damit möglich. Das war mir wichtig.

Entscheidungskriterien von Armin:

_____

_____

_____

_____

_____

_____

Entscheidungskriterien von Elif:

_____

_____

_____

_____

_____

_____

Benjamin:
Nach einem Praktikum und einem Schnupperstudium in der 11. Klasse möchte ich unbedingt einen Ausbildungsweg einschlagen, bei dem ich lerne, Software zu entwickeln. Da aber Selbstorganisation nicht zu meinen Stärken gehört, zweifle ich noch, ob ein Studium das Richtige für mich wäre. Ich möchte meinen Eltern auch nicht ewig auf der Tasche liegen, auch wenn sie das natürlich nicht so sehen. In der Schule war immer alles klar strukturiert und zeitlich genau festgelegt, das fand ich gut. Ich überlege auch, ob sich mein Interesse für Umweltfragen nicht mit meinem Ausbildungsweg verbinden lässt.

1 Armin und Elif haben sich für unterschiedliche Ausbildungswege entschieden. Arbeite die Kriterien heraus, mit denen sie ihre Entscheidung jeweils begründen.

2 Diskutiert: Seht ihr es als Herausforderung oder Chance, dass es zu einem einzelnen Berufs- oder Studienfeld etliche Möglichkeiten gibt. Sammelt Vor- und Nachteile.

3 Bildet Gruppen und schlüpft in die Rolle eines Coaching-Teams: Entwickelt auf Grundlage von Benjamins Überlegungen einen Vorschlag, welchen Weg er einschlagen könnte.

Erwerbsbiografien im Vergleich

M29 Sebastian (geboren 1961): Biologielaborant

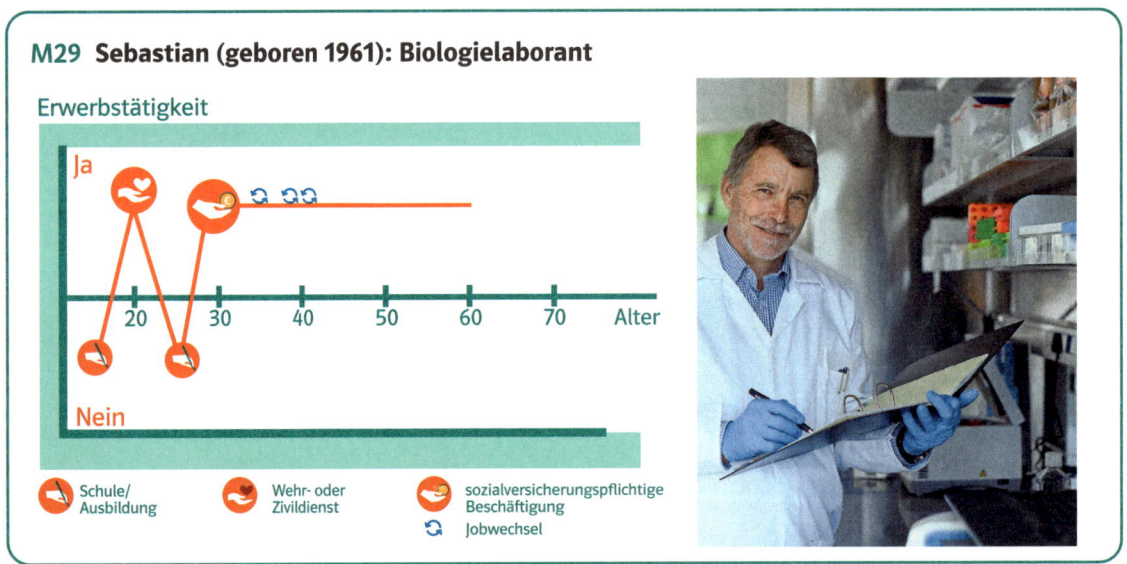

Erwerbstätigkeit

Ja

Nein

20 30 40 50 60 70   Alter

🖊 Schule/ Ausbildung
🤚 Wehr- oder Zivildienst
🤲 sozialversicherungspflichtige Beschäftigung
🔄 Jobwechsel

M30 Aminata (geboren 1969): Juristische Lektorin

Erwerbstätigkeit

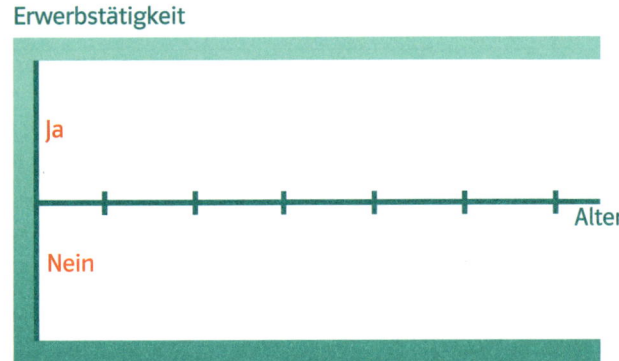

Ja

Alter

Nein

Nach dem Abitur 1988 absolvierte ich zunächst eine dreijährige Ausbildung zur Bankkauffrau in Karlsruhe. Danach arbeitete ich als Kundenberaterin in Devisenfragen für eine Bank in Stuttgart bis 1993. In dieser Zeit entschied ich, ein Wirtschaftsstudium an der Freien Universität Berlin zu beginnen. Währenddessen besuchte ich einige rechtswissenschaftliche Veranstaltungen, dadurch wuchs mein Interesse für Jura. Nach vier Semestern machte ich die Vorprüfung und wechselte dann das Studienfach.

Ich studierte fünf Jahre Rechtswissenschaften. Das Studium finanzierte ich mir durch einen Studentenjob bei einer Versicherung. Nach der Ersten Juristischen Staatsprüfung im Jahr 2000 absolvierte ich mein Referendariat und legte 2003 meine Zweite Staatsprüfung ab. 2004 heiratete ich und zog mit meinem Mann nach Hamburg, um in einer Kanzlei als Anwältin zu arbeiten. Nachdem mein Mann und ich 2005 unsere erste Tochter bekamen, ging ich in Elternzeit. 2008 wurde unsere zweite Tochter geboren. Im letzten Jahr der Elternzeit übernahm ich freiberuflich kleinere Projekte als juristische Lektorin für einen Fachverlag. Weil mir die Arbeit viel Spaß machte und leichter mit unserem Familienleben vereinbar war, entschied ich mich nach der Elternzeit 2010, Vollzeit als Lektorin zu arbeiten.

Seit 2015 bin ich Produktmanagerin im Programmbereich Juristische Ausbildung & Wissenschaft. Ich verantworte alle Schritte rund um die Produktion: Ich betreue die Buchreihen, stehe im Austausch mit den Autor:innen, stimme Termine ab und kümmere mich um Preisgestaltung, Marktanalyse und Marketing. Das Projektmanagement habe ich mir durch Weiterbildungen und Training-on-the-job beigebracht, aber auch die Kenntnisse aus meiner Ausbildung und dem Wirtschaftsstudium helfen mir.

M31 Malik (geboren 1978): Gründer einer Agentur für Drohnenaufnahmen

Erwerbstätigkeit

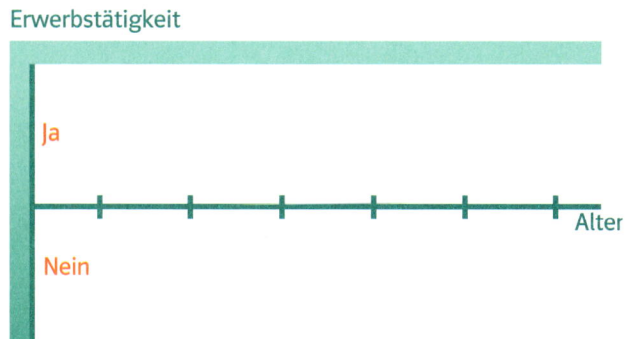

Das Architekturstudium begann ich 1998 in Hannover nach dem 13-monatigen Zivildienst, den ich im Anschluss an die Schule absolvieren musste. 2003 beendete ich das Studium mit dem Diplom. Danach war ich viele Jahre in einem Architekturbüro angestellt. In dieser Zeit (2005) machte ich eine berufliche Weiterbildung zum Energieberater, denn das Thema Energie wurde ein immer bedeutsameres Element bei der Konzeption von Neubauten oder bei der Bestimmung von Sanierungsmöglichkeiten, um Ressourcen einzusparen und die Umwelt zu schonen. 2016 wurde das Büro vom Inhaber an ein Unternehmen verkauft. Ich gab daraufhin meine Anstellung im Dezember auf.

2017 reiste ich nach Nicaragua, um dort ehrenamtlich ein internationales Projekt für ein Jahr zu unterstützen. Wir, ein Team von Ingenieuren, halfen der einheimischen Bevölkerung dabei, Schulen mit Solarstromanlagen auszustatten, die nicht an das öffentliche Stromnetz angeschlossen waren. Vorher saß ich viel im Büro, plante, organisierte, führte Gespräche. In Nicaragua musste ich tatkräftig mit anpacken, aber gerade das gefiel mir super. Dort lernte ich eine Architektin kennen, die eine Weiterbildung zur Drohnenpilotin absolviert hatte. Da der Einsatz von Drohnen viele Möglichkeiten bietet, z. B. bei der Vermessung, Baudokumentation und Begutachtung von Gebäuden, absolvierte ich nach meiner Rückkehr 2018 eine Weiterbildung zum Drohnenpilot. Als freier Mitarbeiter eines Architektenbüros betreute ich kleinere Projekte, während ich parallel erste Aufträge als Drohnenpilot ausführte.
Mit einem befreundeten Architekten gründete ich dann 2019 eine Agentur, die sich auf Drohnenaufnahmen im Bau- und Immobilienbereich spezialisiert hat.

1 Beschreibe die Grafik M29. Klärt untereinander unbekannte Begriffe.

2 Erstelle eine Grafik zu der Erwerbsbiografie M30 oder M31. Orientiere dich bei der Gestaltung an M29. Erweitere die Legende um weitere Symbole für einzelne Phasen. Präsentiert euch die Grafiken zu M30 und M31.

3 Weche Erkenntnisse kannst du aus den Erwerbsbiografien von Aminata und Malik mitnehmen?

4 Vergleicht die Erwerbsbiografien von M29, M30 und M31 und geht dabei auch auf Beweggründe für unterschiedliche Verläufe ein.

Wie geht es weiter? Meine Geschichte weiterschreiben

> *„[Entscheidungen] erlauben es uns, die ‚Autorenschaft über das eigene Leben zu übernehmen.'*
> *[...] Mit jeder Begründung schreiben wir an der Geschichte weiter, die wir selber sind. Wir erfin-*
> *den uns selbst."*
>
> Quelle: https://www.zeit.de/campus/2014/05/entscheidungen-treffen-stress-zufriedenheit/seite-3

1 Bearbeite, abhängig von deinem persönlichen Stand innerhalb des Orientierungsprozesses, Aufgabe 1a) oder 1b).

a) Du hast bereits Entscheidungen für die Zeit nach dem Abitur getroffen? Formuliere eine treffende Überschrift für dieses Kapitel deiner Geschichte. Notiere den Titel im Feld und zusätzlich auf einer Moderationskarte.

> *Lilia Ostertag: Plan A oder B? Das Freiwillige Soziale Jahr als Entscheidungsgeber*

> *Leonard Mittelbach: Straight That Way - vom Vorpraktikum zum Heilpädagogik-Studium*

Der Titel meiner Geschichte lautet:

b) Du hast noch keine Entscheidungen getroffen? Überlege, welche Unklarheiten, Probleme, Hindernisse oder Fragen dich derzeit noch daran hindern, diese Entscheidungen über den eigenen Weg nach dem Abitur zu fällen. Notiere diese bitte im Feld und zusätzlich auf Moderationskarten.

Unklarheiten, Probleme, Hindernisse, Fragen:

2 Präsentiert im Plenum die Ergebnisse zu Aufgabe 1a) und 1b). Notiere unten die für dich relevanten Erkenntnisse dieser Austauschphase.

Gruppe 1a: Stellt nacheinander eure Karten mit den Titeln vor. Tauscht euch im Anschluss alle gemeinsam darüber aus, welche weiteren Schritte notwendig sind, um die Geschichten zu verwirklichen.
Gruppe 1b: Stellt der Gruppe eure Unklarheiten, Probleme und Fragen vor und überlegt im Anschluß alle gemeinsam, welche weiteren Schritte und Akteure dabei helfen können, diese Hindernisse zu beseitigen.

Diese Erkenntnisse nehme ich für mich aus dem Austausch mit:

4 Wer sich selbst findet, entdeckt, was er kann!

Das ist ja alles schön und gut, aber …
Wie finde ich denn nun meinen Traumberuf?

In den letzten Kapiteln hast du dich intensiv mit dem Thema „Berufsorientierung" auseinandergesetzt. Du hast dich selbst und deine Stärken kennengelernt, hast dich mit der neuen Arbeitswelt auseinandergesetzt, verschiedene Wege nach dem Abitur aufgezeigt bekommen und dich mit Methoden beschäftigt, wie du die für dich richtige Entscheidung treffen kannst. Im nächsten Schritt wird es nun konkreter, denn es geht um die Frage: **„Wie findest du denn nun einen zu dir passenden Beruf?"**

Das Gefühl, sich für etwas berufen zu fühlen, kann im Großen oder im Kleinen liegen, ist sehr individuell und kann sich auch mit der Zeit verändern. Deshalb sind eine stetige Reflektion und Mut sich neu auszuprobieren ganz wichtig. Eines steht auch fest: Ein Friseur kann sich ebenso gut zum Haareschneiden berufen fühlen, wie eine Ärztin ehrenamtlich bei „Ärzte ohne Grenzen" zu helfen. Die große Frage liegt aber darin, herauszufinden, was dich ganz persönlich antreibt und wo dein beruflicher Weg hingehen könnte.

Unsere Methode: IKIGAI als Inspirations- und Reflexionstool

Eines vorweg: Bei **CIRCLES** wird nicht der eine absolute Traumberuf als Ergebnis rauskommen! Unser Ziel ist vielmehr, dass du über deine Fähigkeiten und Wünsche nachdenkst und dich unsere Vorschläge zum Reflektieren anregen! Sicherlich kommen Berufe heraus, an die du vorher noch nie gedacht hast – sei also offen und lass dich inspirieren! Um das zu erreichen, nutzen wir eine besondere Methode namens **IKIGAI**.

M32 Methode IKIGAI

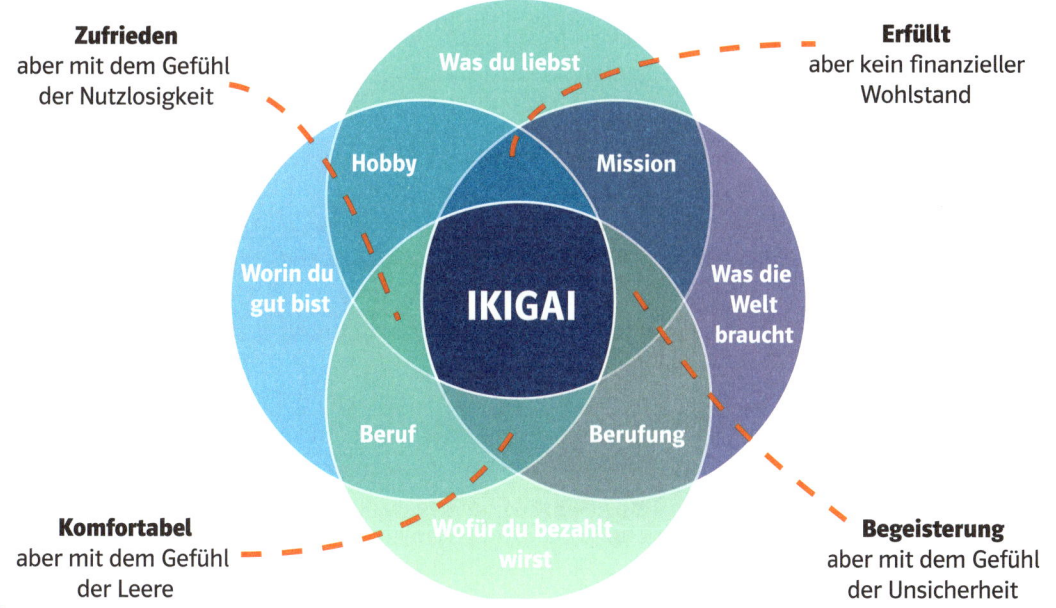

31

IKIGAI – Der Lebenssinn

Der Begriff **IKIGAI** stammt aus dem Japanischen (jap. 生き甲斐) und bedeutet so viel wie Lebenssinn. Er lässt sich mit der Frage *„Wofür lohnt es sich zu leben?"* übersetzen. Das Modell zielt darauf, den eigenen Lebenssinn, Erfüllung und Zufriedenheit zu finden. Um das persönliche **IKIGAI** zu entdecken, solltest du dein Leben so gestalten, dass folgende vier Bereiche berücksichtigt werden:

1. Worin du gut bist   2. Was du liebst   3. Was die Welt braucht   4. Wofür du bezahlt wirst

In der Grafik siehst du, dass die Schnittmenge von zwei nebeneinander liegenden Kreisen anzeigt, welches Bedürfnis damit erfüllt wird. Gleichzeitig wird aber auch deutlich, welche Konsequenz damit verbunden ist, dass die anderen Bereiche keine Berücksichtigung finden. Erst wenn alle vier verschiedenen Lebensbereiche im Einklang sind, entdeckst du dein **IKIGAI** und weißt, wofür es sich lohnt, morgens aufzustehen.

IKIGAI – Deine Berufswahl

Mit **CIRCLES** haben wir diese altbekannte und bewährte japanische Lebensweisheit auf das Thema „Berufsorientierung" adaptiert. Und haben damit eine einzigartige Methode gefunden, junge Menschen wie dich bei ihrer beruflichen Orientierung ganzheitlich zu unterstützen. Wir können dir wahrscheinlich nicht deinen persönlichen Lebenssinn aufzeigen, aber wir können eine wichtige Reflexion über die eigenen Bedürfnisse, Wünsche und Hoffnungen auslösen, sodass der Weg zum persönlichen Lebenssinn hoffentlich nicht mehr weit ist!

1 Notiere jeweils drei Schlagwörter zu den **IKIGAI**-Bereichen:

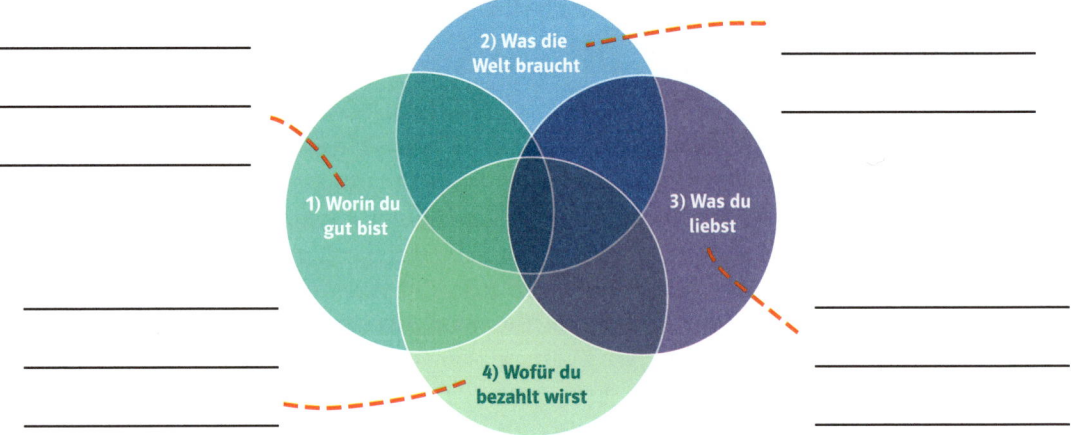

Die CIRCLES App

Was genau passiert bei der App?
Um zu ermöglichen, dass du dein persönliches **IKIGAI** findest, haben wir einen Fragebogen mit insgesamt 100 Parametern bzw. Interessengebieten und Persönlichkeitsmerkmalen entwickelt. Du beantwortest zunächst Fragen über dich selbst, um anhand einer Selbsteinschätzung herauszufinden, *was du besonders liebst* (Subjekt-Ebene). Zudem sollst du auf einer Metaebene persönlich einschätzen, von welchen Fähigkeiten und Merkmalen *die Welt deiner Meinung nach besonders profitiert*. Hierbei geht es explizit nicht um die Einschätzung deiner Persönlichkeit.
Im Anschluss beantworten Menschen, die dich besonders gut kennen, Fragen über dich, um herauszufinden, *was du gut kannst* – also wo deine persönlichen Stärken liegen.
Das Highlight bei der **CIRCLES** App ist sicherlich, dass wir deine Antworten im Anschluss mit denen von echten Berufstätigen matchen! Keine ausgedachten Musterantworten, sondern Antworten von berufstätigen Menschen, die bereits Erfahrungen in der Berufswelt gesammelt haben. Mit dem Ziel: Dein persönliches **IKIGAI** finden!

Ein Beispiel anhand des Parameters „Belastbarkeit" verdeutlich das bestimmt am besten:

Was du liebst (Selbsteinschätzung)	Ich fühle mich in stressigen Situationen wohl, denn da laufe ich zur Höchstform auf!
Was die Welt braucht (Selbsteinschätzung)	Die Welt profitiert von Menschen, die in Stresssituationen souverän bleiben und einen kühlen Kopf bewahren.
Worin du gut bist (Fremdeinschätzung)	[Jonas] meistert Stresssituationen sehr gut.
Datenerhebungsfrage (für Berufstätige)	In meinem Beruf ist es wichtig, in Stresssituationen einen kühlen Kopf zu bewahren.

M33 Die CIRCLES App – Das Matching

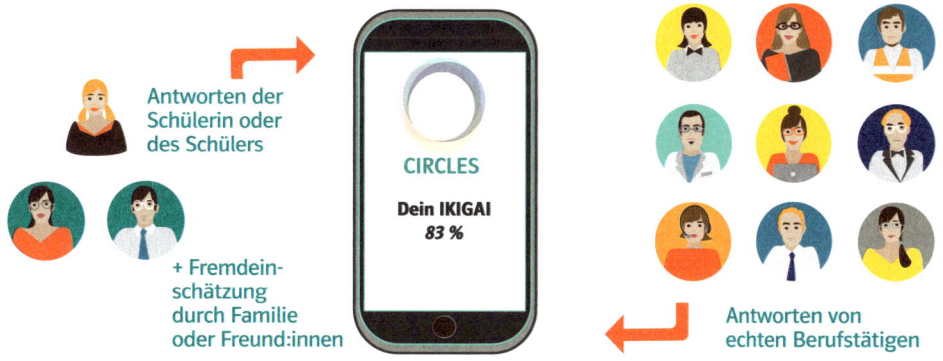

Antworten der Schülerin oder des Schülers

CIRCLES
Dein IKIGAI
83 %

+ Fremdeinschätzung durch Familie oder Freund:innen

Antworten von echten Berufstätigen

M34 Die CIRCLES App – Das Ergebnis

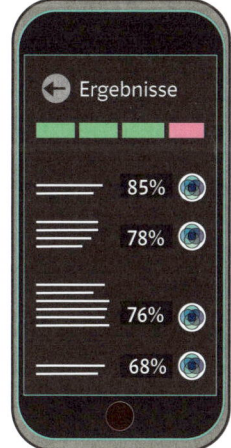

Aber was bedeutet dein Ergebnis nun genau? Und was für Infos erhältst du nach Verwendung der App? Um diese Fragen soll es jetzt gehen.

Nachdem alle Fragen von dir selbst und mindestens einer Person, die dich sehr gut kennt, beantwortet wurden, werden diese Ergebnisse mit Profilen echter berufstätiger Menschen abgeglichen. Welche Person mit welchem Beruf passt am besten zu deinen Antworten?

Auf deiner persönlichen Ergebnisseite siehst du oben zum einen die drei Kompetenzen oder Bereiche, die am stärksten bei dir ausgeprägt sind und zum anderen eine Kompetenz, die bei dir am wenigsten ausgeprägt ist.

Darunter findest du die Übereinstimmungswerte mit den Berufstätigen. Die Personen mit den höchsten Werten stehen ganz oben. Die Prozentzahl zeigt dir deinen **IKIGAI**-Wert mit dieser Person an. Je höher die Prozentzahl ist, desto besser passen deine Vorstellungen, Wünsche und Stärken zur jeweiligen berufstätigen Person. Wenn du auf einen Beruf klickst, erhältst du interessante und wichtige Infos zum Beruf und zur berufstätigen Person.

Wir wünschen dir jetzt viel Spaß mit der CIRCLES App!

1 Lade dir die **CIRCLES** App herunter und führe die Befragung durch, um dein persönliches **IKIGAI** zu finden. Scanne hierzu einfach den QR-Code, den du unter "So arbeitest du mit CIRCLES" findest.

Persönliche Bewertung der CIRCLES-Ergebnisse

CIRCLES hat dir auf deiner persönlichen Ergebnisseite Berufe angezeigt, die zu deinem **IKIGAI**-Profil passen könnten. Spannend ist nun, die Anregungen der App mit deinen Recherchen und Erkenntnissen zu vergleichen und zu bewerten.

Die Beantwortung dieser Fragen kann dir bei der Auswertung helfen:

1 Welche Überschneidungen zu deinen bisherigen Überlegungen und Erkenntnissen kannst du feststellen? Schaue hierzu auch nochmal in deine Notizen auf S. 9, 10 und 22 und vergleiche die Berufsvorschläge.

a) Welche **CIRCLES**-Ergebnisse überraschen dich?
b) Mit welchen **CIRCLES**-Ergebnissen kannst du nichts anfangen? Warum nicht?
c) Welche **CIRCLES**-Ergebnisse möchtest du für deine weitere Planung berücksichtigen?

Deine Gedanken zu den Ergebnissen:

_____

_____

_____

_____

Tipp: Besprich die App-Ergebnisse auch mit Personen, denen du vertraust, z.B. mit Eltern, Freund:innen, Trainer:innen oder Lehrer:innen. Ihre Überlegungen und Hinweise können für dich hilfreich sein.

Berufsvorschläge auf dem Prüfstand
Vielleicht haben die Ergebnisse der **CIRCLES**-App deine bisherigen Überlegungen bestätigt, vielleicht zeigen sie dir Neues auf, was du bislang nicht kanntest oder in Betracht gezogen hast. Die Auswertung solltest du als Teil deines persönlichen Orientierungs- und Entscheidungsprozesses verstehen. Daher ist es sinnvoll, die Vorschläge genauer unter die Lupe zu nehmen, bevor du Entscheidungen triffst.

2 Halte in der Tabelle für einen oder mehrere Vorschläge deine Bewertung zu verschiedenen Aspekten fest.

Beruf	Themen/ Aufgaben des Berufes	Ausbildungsweg, Ausbildungsorte	Zugangsvoraussetzungen	Bewertung (z.B. persönliche Wert- und Zukunftsvorstellungen (S. 9–10) und Berufswahlkriterien (S.25)

Die nächsten Schritte SMART planen

Du hast dich intensiv mit verschiedenen Themen der Berufsorientierung beschäftigt und dich dabei nicht nur mit deinen Stärken, Vorstellungen und Wünschen auseinandergesetzt, sondern auch Kenntnisse und Anregungen zu Berufs- und Ausbildungsmöglichkeiten erhalten. Trotzdem kann es sein, dass du dir zu diesem Zeitpunkt noch nicht über alles im Klaren bist.

Vielleicht schwankst du noch zwischen mehreren Möglichkeiten, sorgst dich um bestimmte Dinge (z.B. Zugangsvoraussetzungen, Finanzierung) oder möchtest einen Plan B entwickeln.

Sinnvoll ist an dieser Stelle, die nächsten Schritte bzw. Ziele deines Orientierungs- und Entscheidungsprozesses zu planen. Umso konkreter und detaillierter deine Ziele sind, desto besser! Die SMART-Formel aus dem Projektmanagement hilft dir dabei, dir über deine Ziele klarer zu werden und diese besser zu erreichen. Denn: Konkret formulierte Ziele lenken deine Energie.

So formulierst du SMARTe Ziele:
Clara möchte gerne direkt nach dem Abitur Gebäude-, Energie- und Umwelttechnik studieren. Zugangsvoraussetzung ist ein technisches Vorpraktikum. Sie formuliert dieses SMARTe Ziel:

Bis zum Beginn der Winterferien versende ich 15 Bewerbungen für ein technisches Vorpraktikum an passende Unternehmen.

Claras Ziel ist SMART formuliert, denn es erfüllt folgende Kriterien:

	Kriterium	Kontrollfrage
S	spezifisch	Was genau möchte ich erreichen? Clara: *Ich möchte ein technisches Vorpraktikum absolvieren, um die Zugangsvoraussetzung für mein Wunsch-Studium zu erfüllen.*
M	messbar	Wann erkenne ich, dass ich das Ziel erreicht habe? Clara: *Mein Ziel ist erreicht, wenn ich die 15 Bewerbungen versendet habe. Damit erhöhe ich meine Chancen für eine Zusage.*
A	attraktiv	Wie wichtig ist die Zielerreichung für mich? Warum will ich dieses Ziel erreichen? Clara: *Ich möchte Gebäude-, Energie- und Umwelttechnik studieren. Dafür benötige ich das Praktikum. Daher ist es mir sehr wichtig.*
R	realistisch	Ist das Ziel für mich erreichbar? Clara: *Mein Vorhaben ist erreichbar. Für die 15 Bewerbungen habe ich drei Monate Zeit. Von der Studienberatung habe ich bereits einige Adressen passender Unternehmen erhalten.*
T	terminiert	Bis wann möchte ich das Ziel erreichen? Clara: *Ich werde die Bewerbungen bis zum Beginn der Winterferien verschickt haben, pro Monat werde ich jeweils fünf schreiben.*

Weitere Tipps für deine Planung:

• Achte auf Zeiten und Fristen, z.B. Anmeldung zu einer Informationsveranstaltung, Terminvereinbarung für eine Beratung, Bewerbungsfristen.

• Überlege, wer dich bei bestimmten Zielen unterstützen kann (z.B. Familie, Lehrer:in, Berufsberater:in, Studienberatung).

• Besuche die **CIRCLES** Plattform mit weiterführenden Informationen zum Thema Berufsorientierung (circles.klett.de).

1 Formuliere drei eigene SMARTe Ziele und wer dich bei diesen Zielen unterstützen kann. Nutze hierfür die Tabelle M35.

M35 Persönliche Planung der nächsten Schritte

SMARTes Ziel	Unterstützung
_____	_____
_____	_____
_____	_____
_____	_____
_____	_____
_____	_____
_____	_____
_____	_____
_____	_____
_____	_____
_____	_____
_____	_____
_____	_____
_____	_____
_____	_____
_____	_____
_____	_____